헨리 나우웬의

거울 너머의 세계

헨리 나우웬의 거울 너머의 세계

지은이 | 헨리 나우웬
옮긴이 | 윤종석
초판 발행 | 1991. 1. 1
개정 1판 1쇄 | 1998. 3. 6
　　　2판 1쇄 | 2024. 7. 17
등록번호 | 제1988-000080호
등록된 곳 | 서울특별시 용산구 서빙고로65길 38
발행처 | 사단법인 두란노서원
영업부 | 02)2078-3333 FAX | 080-749-3705
출판부 | 02)2078-3330

책값은 뒤표지에 있습니다.
ISBN 978-89-531-4881-9 03230

독자의 의견을 기다립니다.
tpress@duranno.com www.duranno.com

두란노서원은 바울 사도가 3차 전도 여행 때 에베소에서 성령 받은 제자들을 따로 세워 하나님의 말씀으로 양육
하던 장소입니다. 사도행전 19장 8-20절의 정신에 따라 첫째 목회자를 돕는 사역과 평신도를 훈련시키는 사역,
둘째 세계선교TM와 문서선교단행본 · 잡지 사역, 셋째 예수문화 및 경배와 찬양 사역, 그리고 가정 · 상담 사역 등을 감
당하고 있습니다. 1980년 12월 22일에 창립된 두란노서원은 주님 오실 때까지 이 사역들을 계속할 것입니다.

삶과 죽음에 관한 묵상

Beyond the Mirror

헨리 나우웬의
거울 너머의 세계

헨리 나우웬 지음
윤종석 옮김

두란노

contents

죽음의 문턱에서
삶을 돌아보다

거울에는 묘한 매력이 있다. 동화 작가들이 잘 알듯이 거울은 어린이의 상상력을 사로잡아 신비의 세계로 이끄는 힘이 있다. 우리가 거울을 들여다보는 이유는 자신이 어떻게 생겼는지 보고 자신이 어떤 사람인지 발견하기 위해서다. 독일의 동화 작가인 그림 형제(Brüder Grimm)도 이 사실을 알았다. 그들의 동화 《백설 공주》에

등장하는 왕비는 자아상을 확인받으려고 거울에게 묻는다. "거울아, 거울아, 세상에서 누가 제일 예쁘지?" 바라던 대답을 얻지 못한 왕비는 홧김에 그나마 자신에게 있던 아름다움마저 버리고 섬뜩하고 흉한 모습의 늙은 마녀로 변한다. 이 이야기에 이끌려 우리도 각자의 거울 앞에서 생각에 잠기게 된다.

헨리 나우웬의 저작에서 일관되게 나타나는 남다른 매력은 그가 자신을 거울로 내놓는다는 것이다. 그가 자신의 인생 경험을 독자에게 반사경처럼 들어올려 주는 덕분에 우리도 자신이 어떤 사람인지 응시하며 더 깊은 차원까지 살필 수 있다. 그 거울을 들여다보며 자신을 새롭게 발견할 수 있다. 연약한 모습만 아니라 숨어 있는 잠재력과 자신의 진정한 숙명까지도 말이다.

이 책에서 나우웬은 자신이 겪은 교통사고 이야기를 들려준다. 폭설로 도로가 빙판으로 변한 어느 음산한 겨울날 아침에 그는 길가에서 차를 얻어 타려다가 지나가던 승합차의 사이드 미러에 치여 중상을 입었다. 그러나 이 책에 나오는 더 중요한 이야기가 있다. 캐나다 토론토의 어느 병원 응급실에서 수술을 기다리는 동안 그는 죽음의 목전에서 자신을 돌아본다. 이 경험에 대한 반추는 회복실에서도 며칠 더 이어진다.

죽음에 직면한 나우웬은 자신이 살아온 일생에서 정말 중요한 것이 무엇인지 정리해야 했고, 죽음이 임박했을 수도 있었으므로 남아 있는 짧은 시간도 중요한 일에 써야 했다. 죽음과 협상하는 논리적 과정을 나우웬을 따라 한 걸음씩 통과하는 동안 독자도 어쩔 수 없이 그 속으로 끌려든다. 나우웬의 이야기를 통해 우리도 자신의 궁극적 가치를 정리해야 하고, 정말 무엇이 중요한지 지금 저울질해서 판단해야 한다. 시간이 다하여 새로운 결단이 불가능해질 때까지 기다려서는 안 된다.

대개 죽음은 우리가 딱히 달가워하는 주제가 아니다. 행여 삶에 죽음의 그림자가 드리워질까 봐 우리는 아예 그 주제를 피하려 한다. 그러나 이번에 개정판으로 선보이는《거울 너머의 세계》에서 나우웬이 보여 주듯이, 우리 삶은 자신이 죽을 운명임을 인식할수록 오히려 더 풍성해질 수 있다. 매 순간이 얼마나 소중한지를 인생이

짧다는 바로 그 사실이 일깨워 준다. 남아도는 돈을 허비해도 될 정도로 거부인 사람은 우리 중에 별로 없다. 문득 생각해 보면 허송해도 좋을 만큼 세월이 남아도는 사람도 없다. 삶은 우리에게 하루 한 순간씩만 허락된다.

나우웬은 다름 아닌 죽음을 거울삼아 "나는 누구인가?"라는 물음에 마주섰다. 평생 우리는 많은 정체성을 획득한다. "내가 하는 일이 곧 나다. 내 소유가 바로 나다. 나는 어머니다. 나는 아버지다. 나는 외로운 솔로다. 나는 점원이다. 나는 마케팅 분석가다. 나는 예술가다. 나는 실직자다." 안타깝게도 "나는 아무것도 아니다"라고 말하고 싶은 사람도 아주 많을 것이다.

병상에 누운 나우웬은 이렇게 자답할 수도 있었다. "나는 신학자다. 나는 심리학자다. 나는 예일과 하버드에서 가르쳤다. 책도 많이 썼고 국내외에서 강연도 했다." 그러나 생의 마지막이라 느껴지던 시간에 그에게 위로가 된 것은 그런 생각이 아니었다. 죽음은 우리가 두르고 있는 겹겹의 피상적 정체성을 벗겨 낸다.

그의 많은 정체성 중에서 생사의 갈림길에 놓인 그에게 위로가 된 것은 무엇일까? 삶의 다른 모든 패를 결국 이긴 그의 자아상은 무엇일까? "나는 누구인가?"라는 물음의 최종 답을 찾고자 일생의 거울을 주시하는 그에게 직접 이런 말씀이 들려온다. "이는 내 사랑하는 아들이요 내 기뻐하는 자라"(마 3:17). 그가 들은 이 말씀은 예수님께만 아니라 나우웬 자신에게 그리고 예수님으로 대변되는 모든 인류에게 주신 것이다. 그래서 그는 이렇게 말한다. "나는 이제 분명히 안다. 그날 세례받으실 때 예수님께 들려온 그 말씀은 바로 나에게 들려주시는 말씀이기도 하며 예수님의 형제자매가 된 모든 사람에게 들려주시는 말씀이기도 하다."

그리고 이런 결론에 이른다. "자기를 거부하고 자기

를 비하하려는 나의 성향이 나로 하여금 그 말들을 진리
로 듣지 못하게 하며, 그 말들이 내 심령의 중심에 자리
하는 것을 방해한다. 하지만 일단 그 말들을 온전히 받아
들이고 나자, 나는 이제 이 세상에 나 자신을 입증해 보
여야 한다는 모든 강박으로부터 자유로워졌으며, 이 세
상에 속하지 않으면서도 이 세상 가운데서 살아갈 수 있
게 되었다. 내가 하나님의 사랑받는 아들, 무조건적인 사
랑을 받는 자라는 진리를 일단 마음속으로 받아들이자,
이제 나는 세상에 보냄을 받아 예수님께서 하신 것과 똑
같이 말하고 행동할 수 있게 되었다. 나는 내가 무한한 사
랑으로 사랑받는다는 사실을 온전히 믿을 때, 내가 진정
세상을 사랑할 수 있게 된다는 사실을 확신하게 되었다."

　　나우웬은 지극히 사적인 이야기지만 죽음의 목전
에서 자신을 바로 알게 된 과정을 독자에게 소상히 나눔
으로써 우리 모두를 아주 제한되고 편협하고 거짓된 정

체성들로부터 벗어나게 한다. 그런 정체성은 우리 스스로 지어낸 것이고, 언론 매체와 거기서 쏟아져 나오는 공허한 광고가 부추기는 것이다. 나우웬의 도움으로 우리도 각자의 거울 너머의 세계로, 참 자아의 진정한 세계로 들어갈 수 있다. 그 자아는 사랑의 하나님이 친히 지으신 것이며 우리의 상상을 초월하는 미래에까지 영원하다.

편집자,

로버트 더백(Robert Durback)

거울 너머의 세계,
죽음 너머의 세계

이 작은 책은 내가 당했던 한 교통사고에 대한 영적인 이야기이다. 내가 이 책을 쓰는 이유는 간단하다. 쓰지 않을 수 없기 때문이다. 나는 그 사고로 죽음의 문턱까지 갔으며 거기서 하나님을 새로이 경험하게 되었다. 만일 이것을 글로 쓰지 않는다면 언제 어디서나 하나님의 임재를 선포한다는 나의 소명에 충실하지 못한 셈이

될 것이다.

내 너머로 부르는 거룩한 방해 거리들

삶에는 많은 방해 거리가 존재한다. 책이나 논문들은 내가 하나님을 찾는 데 아주 중요한 역할을 해주었지만, 나 자신이 그 일부분이기도 한 하나님의 신비를 가장 잘 나타내 주는 일상생활의 맥을 끊어 놓곤 했다. 그 순간 책이나 다른 읽을거리들이 오히려 일상생활에 방해가 되었다.

생각해 보면 트라피스트 수도회*에서 보낸 오랜 혼자만의 시간은 분주한 교단(敎壇) 생활을 방해했고, 어머니의 급작스러운 죽음은 가족과의 깊은 유대 관계를 방해했다. 라틴 아메리카에서 직면한 빈곤은 북아메리카에

---

* 성 베네딕트의 규칙에 따라 공동생활을 하는 수도회. 17세기 수도원 운동의 중심을 이룬 프랑스 트라프 수도원(La Trappe)의 이름에서 나온 명칭이다.

서의 안락한 생활을 방해했고, 장애가 있는 사람들과 함께 살아야 한다는 소명은 학자로서의 자리를 방해했으며, 깊이 나누어 온 우정의 단절은 자리잡아 가던 정서적인 안정감을 방해했다.

이러한 일들은 몇 번이고 거듭하여 나 자신에게 한 가지 질문을 던지지 않을 수 없게 했다. "하나님은 도대체 어디 계시며, 나에게 하나님은 어떤 분이신가?"

하지만 사실을 말하자면 내 삶에 끼어든 이러한 모든 방해 거리들은 평범한 유형의 일상생활에서 벗어나, 오히려 지금까지 나의 신체적, 정서적, 영적 평안을 지켜 온 안전장치들이 아니라 한층 더 깊은 연결고리를 발견하게 하는 기회들을 제공해 주었다. 그 방해 거리들로 인하여 나는 하나님 앞에서 나의 모습을 전혀 새로운 눈으로 바라보게 되었다. 그 방해 거리들은 내게서 무언가를 하나 빼앗아 간 대신에 새로운 것을 가져다주었다.

교수로서의 성공 너머에는 고독과 공동체 안에서의 내적 평안이 있었고, 나의 어머니와의 유대 관계 너머에는 어머니 같은 하나님의 임재가 있었으며, 북아메리카의 안락한 생활 너머에는 볼리비아와 페루에 사는 하나님의 자녀들의 해맑은 미소가 있었고, 학자로서 쌓아 온 경력 너머에는 마음과 몸이 부서진 사람들 속에 거하시는 하나님을 만나는 소명이 있었으며, 아주 정겨운 우정 너머에는 내 심령 전체를 요구하시는 하나님과의 교제가 있었다.

간단히 말해서 행복한 삶을 위해 갖추고들 사는 많은 '사회적인 장치들' 너머에는 아브라함과 사라, 이삭과 리브가, 야곱과 레아와 라헬의 하나님, 그 이름을 사랑이라 칭하시는, 예수님의 아버지이신 하나님과 사귐을 가질 수 있는 엄청난 가능성들이 놓여 있는 것이다.

나를 '저 너머로' 부르는 이러한 많은 방해 거리는 나로 하여금 글을 쓰도록 강권한다. 무엇보다도 글 쓰는 일이야말로 그 무섭고도 종종 처참하게 느껴지는 방해 거리들에게 내 마음을 빼앗기지 않도록 해주고, 잘 알려진 곳에서 알려지지 않은 데로 옮겨 가는 동안 나의 참 자아를 붙들게끔 하는 유일한 방법인 듯하기에 나는 글을 쓴다. 나는 글 쓰는 작업을 통하여 혼란의 와중에서도 초점을 잃어버리지 않고, 주의를 흐트러뜨리는 불협화음들 속에서도 세미한 성령이 인도하시는 음성을 가려들을 수 있는 힘을 얻게 된다.

그러나 내가 글을 쓰는 데는 언제나 두 번째 동기가 있었다. 글을 쓰는 작업은 쏜살같이 지나가는 나의 작은 삶의 고통과 두려움들 속에서 영원한 가치를 지닌 무엇인가를 이끌어 내는 유일한 방법이라고 나는 믿었다. 인생이 나에게 가 보지 않은 전혀 새로운 영적 영역으로 첫 발자국을 내딛을 것을 요구해 올 때마다 나는 나의 이야기를 다른 사람들에게 들려줘야 한다는 강렬한 내적 충동을 느낀다. 그것은 함께 나누고 싶은 마음에서이기도 하지만, 그보다는 내가 살짝 엿보도록 허락된 하나님에 대한 지식들을 다른 사람들에게 증거하는 것이 나의 최고의 소명이라는 자각 때문이기도 하다.

죽음의 문턱에서 알게 된 깨달음

자동차에 편승을 좀 하려고 길가에 서 있다가 승합차에 치여 눈 깜짝할 사이 죽음의 문턱에 가 있게 된 그 순간, 내가 지금 살고 있는 삶을 남을 위해서 살아야 한다는 생각이 그 어느 때보다 강하게 들었다. 이제 건강이 회복되어 이렇게 그 사건을 이야기할 수 있고 보니 내 생명을 빼앗아 갈 수도 있었던 그 방해 거리가 내가 지금껏 알아왔던 하나님과는 근본적으로 반대되는 새로운 하나님의 모습을 내게 보여 주었다는 생각이 든다.

그리하여 나는 도저히 나 혼자만 알고 있을 수 없는 이 깨달음을 글로 써서 나누고 싶은 열망을 어느 때보다도 강렬하게 느낀다. 거울 너머 보았던 이 광경이, 죽음을 앞두고 두려워하고 있거나 죽음을 생각할 때 아직도 무섭고 떨리기만 할 뿐 전혀 평안이 없는 나의 형제자매들에게 위로와 소망을 가져다주기를 간절히 바라며 기도한다.

사고

빙판길에
교통사고를 당하다

"어떤 강한 손이
나를 꼼짝 못하게 해놓고는
꼭 필요한 일종의 굴복 상태로
나를 이끌고 가고 있다는 느낌이 들었다."

Beyond the Mirror

이상한 예감

어느 음산한 겨울날 아침, 뒤에서 오던 승합차의 사이드 미러에 받혀 나는 길바닥에 나동그라지고 말았다. 그 순간과 관련하여 지금도 두 가지 기억이 생생하게 떠오른다.

사고가 났을 때 나는 내가 되돌아갈 수 없는 지점에 와 있다는 사실을 즉각적으로 깨달았다. 내가 얼마나 다쳤는지는 잘 몰랐지만, 뭔가 낡은 것이 끝이 나고 아직은 밝혀지지 않은 뭔가 새로운 것이 다가오고 있다는 사실만은 분명히 깨달았다.

도와 달라고 소리치며 그 번잡한 도로변에 누워 있었을 때, 차에 치인 그 순간부터 단순한 사고가 아니라는 사실도 깨달을 수 있었다. 시간이 좀 지나면 이 사건 전체에 얼마나 신비로운 하나님의 뜻과 계획과 섭리가 들어 있는지를 분명히 알게 되리라 생각했다. 물론 그 순간 나의 가장 큰 관심거리는 빨리 누군가가 와서 나를 도와주는 것이었다. 하지만 나는 그 도로변에 누워 이상하게도 뭔가 '좋은' 일이 일어나고 있다는 생각에 잠겼다.

그 주는 정말이지 바쁜 한 주였지만 그렇게 많은 사소한 일거리들 가운데 중요하다고 느낄 만큼 대단한 일은 하나도 없었다. 그럼에도 그런 일들은 내 시간들을 다 잡아먹었고, 사람을 은근히 피곤하게 만들어 내심 짜증까지 나게 했다. 나의 깊은 내면과의 만남을 가질 만한 여유라고는 찾을 수가 없었다. 그러나 한 가지 분명한 예외가 있었다.

당시 나는, 장애의 정도가 아주 심한 열네 살짜리 중국인 사내 아이 씨후(Hsi-Fu)를 아침에 학교에 데려다주는 일을 좀 해달라는 부탁을 받은 터였다. 평소에 씨후를 돕던 네이썬(Nathan)과 토드(Todd)가 수련회를 떠나 그들의 일을 내가 대신 맡게 되어 굉장히 기뻤다. 사실 씨후와 친해질 수 있는 기회를 갖게 된 것이 굉장한 특권 같았다.

씨후는 보지 못하고 말하지 못하며 걷지 못할 정도로 기형의 정도가 아주 심한 지체 장애인이다. 그러나 그 아이는 늘 생기가 넘치고 사랑이 충만해서, 함께 있으면 그의 삶을 정말로 그렇게 풍성하게 자라게 해주는 그것에 나도 접할 수 있는 기회를 갖게 되곤 한다.

목욕을 시켜 주고, 이를 닦아 주고, 머리를 빗겨 주고, 손을 붙잡아 숟가락으로 음식을 떠서 입까지 잘 가져가도록 거들어 주다 보면 묵상을 거의 한 시간 한 후에나 맛볼 수 있는 안온한 친밀감과 고요한 하나 됨 그리고 진정한 평화가 몽글몽글 샘솟는다. 이렇게 월요일, 화요일, 수요일 아침을 그 애와 함께 보내면서 나는 어서 다음날 아침이 오기만을 고대하게 되었다.

빙판길

씨후는 리치먼드 힐(Richmond Hill) 시내에서 '코너 하우스(Corner House)'로 불리는 집에 살고 있었는데, 내가 묵던 집에서는 차로 5분 거리였다. 그 목요일 아침, 일찍 일어나 창 밖을 내다보니 땅이 온통 얼음판이었다. 집에서 대로변인 영 스트리트(Yonge Street)까지는 약 7-800m 남짓한 거리였는데도 도저히 차를 타고 갈 수 없을 것 같았다. 길은 빙판으로 변해 스케이트나 타기에 알맞지 괜히 차를 몰고 가다가는 미끄러져 도랑에 처박히기 딱 알맞을 것 같았다.

나의 친구인 수(Sue)는 마침 아침 기도회 가는 길에 내가 집을 나서려는 것을 보더니 이렇게 말했다.

"차 갖고 나가지 마세요. 운전이 도저히 불가능해요."

"네, 그러잖아도 걸어가려던 참입니다. 아직 여섯 시밖에 안 됐으니까 일곱 시까지는 충분히 도착할 수 있을 겁니다."

"헨리, 아예 가지 마세요. 가는 것은 무리예요. '코너 하우스'에는 못 간다고 전화하세요. 씨후는 거기 사람들이 알아서 잘 챙겨주겠지요."

하지만 그토록 가고 싶었는데 안 간다고 생각하니 그럴 수는 없다는 생각이 강하게 일었다. 수는 거듭 말했다.

"가지 마세요."

그러나 나는 밀고 나갔다.

"할 수 있을 겁니다. 가겠다고 약속도 했고요."

그래서 나는 집을 나와 영 스트리트까지 그 빙판길을 발을 질질 끌며 걷기 시작했다. 걷는다는 것 자체가 고역이었고, 얼마 가다가는 미끄러져 배가 납작 땅에 가 닿으며 엎드러졌다.

그래도 나는 계속 스스로를 격려했다. '계속 가자. 넌 할 수 있어. 이따위 얼음 조각 때문에 포기해서는 안 돼.' 이제 나를 지탱해 주고 있는 것은 봉사하려는 순수한 마음이라기보다는 이 작은 난관 정도는 스스로 헤쳐 나갈 수 있다는 것을 증명해 보이고픈 열망이었다.

영 스트리트에 다 가서 보니 거기까지 가는 데만도 15분이나 걸렸다. 길을 건너서 리치먼드 힐을 향해 남쪽으로 걷기 시작했다. 가면 갈수록 자꾸만 마음이 불안했다. 옆으로는 차의 행렬이 줄을 잇고 있었고, 도로 중앙은 비교적 얼음이 없었지만 길가는 미끄러워서 언제 넘어질지 모르는 아주 위험한 상태였다.

발을 헛디뎌 거의 넘어질 뻔하기를 수도 없이 되풀이했다. 중간쯤에 있는 주유소에 도착해서 보니 시간은 벌써 여섯 시 반이 넘어 버렸고, 이대로 가다가는 일곱 시 안에 '코너 하우스'에 도착한다는 것은 거의 불가능해 보였다.

어리석은 기대, 이상한 분노

바로 그때 두 사람이 탄 작은 소형 트럭 하나가 주유소 안으로 들어오고 있었다. 나는 그들에게 도움을 좀

27

청해 보기로 마음먹었다. 트럭의 유리창을 두드렸더니
조수석에 앉아 있던 사람이 차 유리를 아래로 내리기에
말을 건넸다.

"안녕하세요. 저 시내까지만 좀 함께 타고 갈 수
있을까요? 일곱 시까지 도착해야 되는데 갓길이 얼어붙
어 워낙 미끄러워서 걷기가 힘들 것 같아서요. 차로 가
면 3분이면 되는 거리예요."

내 말을 다 듣고 나더니 운전사가 내가 있는 쪽으로
몸을 굽히면서 이렇게 말했다.

"안 되겠는데요. 지금 막 주유소 문을 열려고 나오
는 참이거든요, 시간이 없어요."

나는 다시 한 번 말해 보기로 했다.

"하지만 3분이면 되는 거리이고, 이 빙판길을 가는
게 영 불안해서 그러는 거니 좀 도와주세요. 오래 걸리는
거리가 아닙니다."

그러나 대답은 똑같았다.

"미안하지만 시간이 없습니다."

마음속에서 분노가 치밀어 오르면서 강요를 해서라도 이 사람들이 꼭 나를 돕도록 만들고야 말겠다는 이상한 욕망이 일어났다. 그래서 나는 이렇게 말했다.

"정말 제시간에 저기 저쪽, 교회 뾰족탑이 보이는 저쪽에 가야만 합니다. 당신들이 도와주지 않으면 달리 방도가 없어요. 그리고 아직 손님도 없잖아요?"

운전사는 차를 주차장 쪽으로 후진하면서 말했다.

"미안하지만 그럴 시간이 없습니다. 주유소를 열어야 해요."

그 사이 조수석에 있던 사람은 다시 창문을 닫았고 나 혼자만 남겨졌다.

갑자기 화가 치밀었다. 내가 전혀 모르는 이 두 친구는 이제 나의 적이 되었다. 분노가 느껴졌다. 내 속 저 깊고 어두운 곳에서 솟구쳐 오르는 격정까지 일었다. 나는 오해받았고, 외면당했고, 거절당했으며 홀로 남겨졌다. 마치 버림받은 어린아이가 된 것 같은 느낌이 나를 덮쳐 왔다.

보도를 따라 시내 쪽으로 걸어가는 동안, 나는 조심해야 한다는 사실을 알면서도 그렇게 되지가 않았다. 나는 눈부신 전조등을 켜고서 쉬지 않고 지나가는 차량 행렬 곁으로 힘없이 터벅터벅 걸어갔다.

어떻게든 제시간에 도착해야 한다는 오기 같은 게 생겼다. 나는 그 두 친구에게 자기들의 도움 없이도 내가 할 수 있다는 것과, 실은 그 따위 도움쯤이야 아무 필요도 없다는 것과, 다른 사람들 같았으면 자기들과는 달리 내게 동정과 도움을 베풀었을 것이라는 사실과, 결국은 내가 옳았고 그들이 잘못되었다는 점을 증명해야만 했다.

차량 행렬 곁으로 다가간 나는 다가오는 전조등을 향해 오른손을 쳐들고 리치먼드 힐 시내를 가리키면서 태워 달라는 신호를 보냈다. 차들은 아침 안개 속에서 꼬리를 물고 나타났다가는 모두 내 곁을 스쳐 지나갔다.

나는 뒷좌석이 비어 있는 차 안에서 아주 편안하게 운전하면서 직장으로 출근하고 있는 그 수많은 사람들을 생각하면서 기분이 언짢아졌다. '왜 저들은 나를 보지 못하는 것일까? 잠깐이면 되는데 왜 차를 세워 태워 주려는 기미조차 보이지 않는 걸까?' 이런 의문들이 꼬리를 물고 일어났다. 이제 적은 두 명에서 훨씬 더 많은 인원으로 늘어났다.

마음은 점점 두 가지 상반되는 생각으로 꽉 막혀 오는 것 같았다. 지금 이 상황에서 누군가 지나다가 나를 보고 도움이 필요하다고 느껴서 차를 세워 나를 시내까지 태워다 주리라고 기대하는 것은 정말 꿈 같은 생각이라는 점을 나는 너무도 잘 알고 있었다. 내가 운전자였다 하더라도 길이 이렇게 미끄러운 날 아침 여섯 시 반에 출근하다가 갑자기 차를 세우는 그런 일은 결코 하지 않을 것이다.

그럼에도 불구하고 다른 한편에서는 분노, 점점 격렬해지는 거절당했다는 느낌, 속에서부터 솟구치는 날카로운 비명 소리가 올라왔다. '도대체 왜 당신들은 하나같이 다 그냥 지나치면서 왜 내 간청을 무시하고, 왜 나를

이 길바닥 위에 이렇게 혼자 서 있게 내버려두는 거야?'

한편에서는 내가 지금 어리석은 기대를 하고 있다는 생각이, 다른 한편에서는 이상한 분노가 끊임없이 내 속에서 교차되고 있었다.

마침내 나는 '코너 하우스'까지 갈 수 있는 유일한 길은 걷는 것뿐이라는 결론을 내렸다. 그러나 이미 시간은 흘러서 이제 일곱 시까지 씨후에게 갈 수 있는 가능성은 희박했다. 그리하여 화가 나고, 혼란스럽고, 짜증스럽고, 진짜 바보 같다는 느낌을 맛보면서 나는 영 스트리트를 따라 뛰기 시작했다. 수의 목소리가 귓전에서 맴돌고 있었다. "헨리, 가는 것은 무리예요…."

차에 부닥치다

사고가 난 것은 바로 그때였다. 뭔가가 와서 나를 탁 치는가 싶더니 아주 이상하고 기분 나쁜 소리가 머리 끝부터 발끝까지 한 번 쭉 훑고 지나가는 것 같았다. 등에 날카로운 통증이 느껴지고, 몸이 흔들리더니 마침내 나는 길바닥 위에 털썩 쓰러져 도와 달라고 외치기 시작했다.

그때 이런 생각이 퍼뜩 떠올랐다. '나를 친 운전사가 나를 보았을까 아니면 나 몰라라 하고 뺑소니를 치는 것은 아닐까?' 그러더니 이내 다른 생각이 떠올랐는데 이번엔 좀더 깊고 좀더 강렬해졌다. '다 틀렸어. 이제 내 계획은 다 물거품이 돼 버렸어. 이건 끔찍하고 고통스러운 일이지만 … 어쩌면 아주 잘된 일일지도 몰라.' 친구 수의 말이 또다시 귓전에 울려 왔다. "오늘은 무리예요. 정말 무리라니까요."

그러고는 아무도 없었다. 나 혼자만 … 이렇게 길바닥에 꼼짝없이 누워 있을 뿐, 속수무책인 상태에서 오는 그 무력감은 나를 두렵게 하지 못했다. 어떤 강한 손이 나를 꼼짝 못하게 해놓고는 꼭 필요한 일종의 굴복 상태로 나를 이끌어 가고 있다는 느낌이 들었다.

거기 그렇게 누운 채로 나는 아까 그 주유소 직원

두 사람의 시선을 끌어 보려고 애를 썼다. 그러나 그들은 너무나 멀리 있어서 나를 볼 수도 없었고 내 소리가 거기까지 들리지도 않았다. 그때였다. 놀랍게도 한 젊은이가 나 있는 데로 달려오고 있었다.

그는 나에게 몸을 굽히며 말했다. "다치셨군요. 제가 도와드릴게요." 아주 친절하고 부드러운 목소리였다. 마치 수호천사와도 같아 보였다.

나는 말했다. "지나가는 차가 저를 쳤어요. 운전사가 저를 봤는지 잘 모르겠어요."

"그게 저예요." 젊은이가 대답했다. "제가 오른쪽 사이드 미러로 선생님을 친 거예요. 그래서 이렇게 차를 멈추고 도와드리러 왔습니다…. 자, 일어설 수 있겠습니까?"

"네. 될 것 같아요." 나는 그렇게 말하고서 그의 도움을 받아 어렵사리 일어섰다.

"조심하세요." 그가 주의를 주었다. "아주 조심하셔야 됩니다."

우리는 함께 주유소를 향하여 걷기 시작했다.

"내 이름은 헨리라오." 내가 말했다. "저는 존(John)이에요." 그가 대답했다. "제가 앰뷸런스를 불러 드릴게요."

우리는 주유소로 들어갔다. 존은 나를 의자에 앉힌 뒤 전화를 걸었다. 아까 그 두 직원은 멀리서 쳐다보고 있었다. 둘 다 아무 말이 없었다.

잠시 후 존은 마음이 다급해졌다. "병원하고 통화가 안 돼요. 요크(York)중앙병원까지 제 차로 직접 모셔다 드리는 것이 좋겠어요." 존이 자기 승합차를 가지러 나간 사이 나는 수에게 전화를 걸어 자초지종을 이야기했다.

우리는 곧 출발했다. 오른쪽 문 유리창을 통해서 내다보니 찌그러진 사이드 미러가 보였다. 내가 얼마나 세게 들이받혔는지 실감이 났다. 존도 충격을 받은 것 같았다. 존이 물었다.

"왜 거기 길가에 서 계셨어요?"

나는 너무 많은 설명은 하고 싶지 않았지만 이렇게

말했다. "나는 공동체에서 장애인들과 함께 살고 있는 신부라오. 우리 식구 가운데 한 명이 살고 있는 집으로 아침 일을 해주러 가던 길이었소."

존은 얼굴이 하얗게 질려 말했다. "세상에, 신부님을 치다니. 오, 맙소사."

나는 존이 마음에 들었다. 그를 어떻게든 위로해 줘야겠다는 생각이 들었다. "이렇게 병원에까지 태워다 주니 정말 어떻게 감사를 드려야 할지 모르겠군요. 내가 낫거든 우리 공동체에 꼭 한번 놀러 오세요."

"네. 가보고 싶어요." 존이 대답했다. 하지만 그의 생각은 딴 데에 가 있었다.

차에 치인 그 순간부터 단순한 사고가
아니라는 사실도 깨달을 수 있었다.
시간이 좀 지나면 이 사건 전체에
얼마나 신비로운 하나님의 뜻과 계획과
섭리가 들어 있는지를
분명히 알게 되리라 생각했다.

입원

병상에 누워

———————————

"죽음 앞에 서자

나 자신을

전혀 새로운 시각에서

볼 수 있는 눈을 갖게 되었다."

Beyond the Mirror

응급 상황

우리가 병원 응급실에 도착하자마자 간호사, 의사, 경찰이 주위로 모여들었다. 많은 질문과 대답이 오고간 뒤, 진료 신청서를 쓰고 곧 엑스레이 사진을 찍었다. 사람들은 아주 친절하고, 유능하고, 탁월하고, 또 솔직했다.

엑스레이 사진을 들여다보던 의사가 말했다. "갈비뼈 다섯 대가 부러졌습니다. 오늘은 여기 계시고 내일 퇴원할 수 있도록 해드리겠습니다."

그때 아주 친숙한 얼굴 하나가 등장했다. 정말 뜻밖이었다. 내 주치의 프라사드(Prasad) 박사였다. 그녀가 이렇게 빨리 올 수 있었다니, 놀라지 않을 수 없었다. 그녀를 보는 순간 안심해도 된다는 의식이 강하게 들었다.

바로 그때부터 극심한 통증이 찾아오기 시작했다. 머리가 어찔어찔해지는가 싶더니, 헛구역질을 하기 시작했다. 나는 주위 사람들이 깜짝 놀라는 것을 보았다. 몇 분 지나지 않아서 사태는 분명해졌다. 나는 생각보다 훨씬 상태가 심각했다.

"어딘가 내부에서 출혈이 계속되고 있는 것 같아요." 프라사드 박사의 말이었다. "정밀 검사를 해봐야겠어요."

여러 가지 검사와 의료진들의 대화들이 오고간 뒤에 나는 중환자 병동으로 옮겨졌다. 존은 떠났다.

친구 수는 빙판길 때문에 집을 나설 수가 없었다. 그래서 공동체 식구인 로빈(Robin)에게 전화를 걸어 나에게 가 보라고 했던 모양이다. 그가 왔다가 사람들에게 내 형편을 알리기 위해 곧 자리를 떴다.

이제 나는 고통이 내 안에 파고드는 것을 감지할 수 있었다. 통증은 엄청났고, 목숨을 잃을 수도 있는 위험한 상황이었다. 죽음의 가능성 앞에 직면하게 되자,

나를 친 그 차의 그 거울이 나에게 나 자신을 전혀 새로운 시각에서 볼 수 있는 눈을 가져다주었다는 생각이 불현듯 들었다.

완전한 돌봄

아주 간단하고 사소한 증상들 때문에 몇 번 병원에서 진료를 받아 본 것을 제외하고는 여태까지 나는 한 번도 병원 침대 신세를 져 본 적이 없었다. 그러나 이제 너무나 급작스럽게도 나는 주변 사람들에게 완전히 의존해야만 하는 진짜 환자가 되어 버렸다. 누군가의 도움 없이는 아무것도 할 수 없었다. 정맥 주사용, 수혈용, 심전도 측정용 등 여러 용도의 바늘들이 여기저기서 내 몸을 뚫고 들어와 있어 내가 정말로 '수동적'인 처지임을 입증해 주었다.

내 성격이 급하다는 점과 이제부터 내가 오랫동안 통제하에 머물러 있어야 한다는 필요성으로 미루어 보건대, 내게 닥친 이 새로운 상황은 엄청나게 괴로운 것이 되겠구나 하는 게 그때 내 생각이었다.

그런데 실제로는 정반대였다. 양쪽에 난간이 달려 있는 병원 침대 위에서 내 마음은 왠지 아주 평안했다. 통증이 아주 심했음에도 불구하고 안전하다는 느낌 속에서 누워 있을 수 있었다. 예상 밖이었다.

의사와 간호사들은 뭔가 조치를 취할 때마다 아주 자세히 설명해 주었고, 몸에 주사해 주는 약 이름을 다 가르쳐 주었으며, 통증이 올 것 같으면 사전에 미리 경고를 해주었고, 치료 효과에 대해서는 어느 정도 해봐야 알겠지만 그래도 효과가 있을 것이라고 자신 있게 말했다.

내가 초음파 검사를 받는 동안 간호사는 내 비장(脾臟)이 컴퓨터 화면에 어떻게 나타났는지를 보여 주면서, 어느 부위가 상처를 입었는지, 피가 나온다면 어느 부위에서 나올 가능성이 있는지 손가락으로 가리키면서 설명해 주었다.

나에게 진통제를 놓아 주면서 편안한 수면을 도와

주던 간호사는 이렇게 말했다. "약효가 두 시간 정도 지속될 거예요. 그 뒤엔 다시 조금씩 고통이 되살아날 거예요. 하지만 다음 번 주사 때까지는 그 상태에서 한 시간을 기다리셔야 해요."

그들이 이처럼 솔직하고 개방적이며 친절하고 신중한 덕분에 나는 불안을 이겨낼 수 있었으며, 이 상황을 대처해 나갈 수 있는 힘이 새록새록 솟아났다.

그렇다. 나는 내가 생명을 잃을지도 모르는 위기에 처해 있다는 점을 알고 있었다. 동시에, 생명을 잃지 않을 확률이 가장 높은 곳에 와 있다는 점도 알았다. 동정심과 탁월함이 조화를 이루어 나의 모든 두려움을 앗아가 버렸다.

무엇보다 내가 알지도 못하는 사람, 나를 알지도 못하는 사람들에게 내가 그토록 중요하고 소중한 사람으로 대우받고 있다는 그 단순한 사실이 나의 마음을 말할 수 없이 편안하게 해주었다. 나는 완전히 의존적인 사람이 되었지만, 모든 사람들이 나를 한 사람의 지성인이요 성인(成人)으로 대해 주었으며 어떠한 사소한 사항이든 숨기지 않고 다 나에게 알려 주었다.

나는 내가 알고 싶은 것은 무엇이든 알 수 있었고, 그것을 통해 내 몸의 주인은 누가 뭐라 해도 나라는 느낌을 가질 수가 있었다. 나도 모르게 나에 관해서 어떤 결정이나 판단이 내려진 일은 한 번도 없었다.

이런 배려에 의해 나는 깊은 소속감을 느낄 수 있었다. 그것은 나아가 마치 우리 집에 와 있는 것 같은 느낌이 되었다. 지금껏 나의 의식에 남아 있는 모든 기억 가운데 그때처럼 그렇게 완전한 돌봄을 받았던 때도, 그때처럼 그렇게 소중하게 대우받았던 때도 그리 많지 않다. 나에게 그토록 깊은 안전감을 느끼게 해 준 것은 바로 그들의 그런 태도였다.

고통 속에서 솟구치는 평안함

곧 수가 문병을 왔다. 그리고 수는 이후의 병원 생

활 동안 나를 바깥세상과 연결시켜 주는 역할을 했다.

그녀는 내게 데이브레이크(Daybreak) 공동체의 소식을 들려주었다. 친구들이 나를 위해 염려하고 있고 기도하고 있다고 전해 주었다. 그리고 집에서 일어나는 많은 작은 일상사들을 일일이 다 알려 주었다.

수가 자주 와 주어서 나한테는 커다란 위안이 되었다. 우리는 말은 별로 하지 않았지만 기도는 많이 했다. 그리고 오랜 기간 침묵이 이어지곤 했다.

내가 이런 이야기를 일일이 해야 하는 데는 이유가 있다. 어찌하여 죽음조차 나를 두렵게 할 수 없었는가를 설명하기 위해서이다. 나는 내 비장에 아직도 출혈이 계속되고 있으며 내 상태는 여전히 심각하다는 사실을 알고 있었다. 그러나 그 어떤 공포도, 불안도, 두려움도, 염려도 나를 누르지 못했다.

그러한 나의 반응에 나 스스로도 놀랐다. 그도 그럴 것이, 과거의 나는 걸핏하면 내적인 불안과 동요를 아주 심하게 느끼곤 했었다. 내 삶에는 언제나 거절당하고 버림받았던 일들에 대한 쓰라린 고통의 감정들이 있었고, 두려움과 공포로 인해 전신이 마비돼 버릴 것만 같은 순간들도 있었다. 그런데 그런 일들은 종종 아주 작고 시시한 일들 때문에 터지곤 했다. 나는 사람들이 두려웠고, 뭔가 알 수 없는 힘들이 두려웠다. 나라는 사람은 늘 긴장해 있고, 불안해하며, 예민하고 까다로운 성격이었다.

그러나 지금, 죽음이 눈앞에 와 있는데도 내게서 솟구치는 느낌이라고는 평화와 기쁨, 그리고 나의 전 존재를 감싸는 안전감뿐이라는 사실이 놀라웠다.

수술

생사의 갈림길에서

"나를 삶에
집착하게 만드는 것은
사랑이 아니라
해결되지 않은 분노였다."

Beyond the Mirror

죽음과 생명 사이에서

금요일 아침, 수차례의 검사가 더 있은 후 담당 의사인 반즈(Barnes) 박사는 이렇게 말했다.

"비장에 아직도 출혈이 계속되고 있습니다. 이제 그것을 절단해야만 합니다."

"언제 하게 되나요?" 내가 물었다.

"수술실이 비는 대로 바로 진행하게 될 것입니다." 그가 대답했다.

잠시 후 프라사드 박사가 찾아왔다. 또 한 번 죽음의 위협이 느껴졌다. 그래서 나는 그녀에게 이렇게 말했다.

"죽음이 다가온다면 저에게 꼭 알려 주세요. 죽음을

맞이할 준비를 하고 싶거든요. 진심입니다. 죽는 것은 하나도 두렵지 않지만, 모르고 있다가 그냥 떠나가게 될까 봐 염려가 됩니다."

그랬더니 그녀는 이렇게 대답했다. "제가 알고 있는 한 생명을 잃을 만한 그런 위험한 증상은 아직 하나도 나타나지 않았습니다. 하지만 출혈만은 멈추게 해야 합니다. 비장 절제 수술도 그래서 해야만 하는 거예요. 몇 달만 지나면 회복되실 겁니다. 그리고 비장이 없어도 살아가는 데는 아무 지장이 없습니다."

프라사드 박사는 매우 정직하게 자기가 알고 있는 모든 것을 나에게 직설적으로 이야기해 주었다. 그래도 내게는 곧 죽게 될 수도 있을 거라는 생각이 계속 남아 있었기 때문에, 나는 나 자신도 준비를 하고 내 친구들에게도 준비할 시간을 주어야겠다고 생각했다. 내 속 깊은 곳 어딘가에서 이제 나의 생명은 심각한 위험에 처해 있다는 느낌이 자꾸만 고개를 들었다. 나는 이때껏 한 번도 가 본 적이 없는 곳으로 천천히 들어가고 있었던 것이다.

바로 죽음의 문턱이라는 곳이었다.

나는 그곳이 어떤 곳인가를 알고 싶었고 그곳을 '거 닐어 보고' 싶었고, 삶 너머의 다른 삶을 위해 나 자신에 게 필요한 준비를 하고 싶었다.

나는 두려워 보이는 그곳으로 의식적으로 걸어 들어갔는데, 죽음 저편의 새로운 존재 양식에 대해 그토록 간절히 알고 싶었던 것은 정말 난생 처음이었다.

내게 친숙한 세계, 내가 살아온 날들, 내 친구들, 내 계획들은 다 놓아 보내려 했다. 뒤는 돌아보지 않고 앞만 보려고 했다. 내 앞에 있는 그 문, 이제 내 앞에 열려서 이 제까지 보아 왔던 것들 너머에 있는 어떤 것들을 내게 보 여 줄지도 모를 그 문만을 뚫어져라 바라보았다.

그때 내가 경험한 것은 전에 한 번도 경험해 보지 못했던 것, 바로 순전하고 무조건적인 사랑이었다. 더욱 더 좋게 느껴졌던 것은 강력하게 느껴진 어느 누군가의 친밀한 임재였는데, 그 존재는 나의 모든 두려움을 몰아 내고는 내게 다가와 이렇게 말했다.

"내 곁으로 오너라. 두려워 말아라. 내가 너를 사랑한단다."

아주 부드러우면서 판단하지 않는 모습이었다. 그는 나에게 그저 믿기만 하라고, 온전히 믿기만 하라고 말했다. 너무 쉽게 예수님의 이름을 꺼내기가 머뭇거려졌다. '예수님' 하고 이름을 붙이면 내가 경험했던 그 비할 데 없이 성스러운 임재가 다 떠올려지지 않을지도 모른다는 우려 때문이었다.

나는 따뜻한 빛이나 무지개나 열려진 문을 본 것이 아니라, 더 가까이 와서 모든 두려움을 내어 버리도록 나를 초청하는 인간이면서도 하나님이신 분의 임재를 느꼈다.

나의 집으로 오라

부모님과 친구들과 선생님들을 통해 예수님을 알게 된 이후로 나의 모든 삶은 그분을 따르고자 하는 끊임없는 분투로 이어져 왔다. 나는 헤아릴 수 없이 많은 시간을 들여 성경을 연구하고, 강의와 설교를 듣고, 경건 서적들을 읽었다. 예수님은 내게 아주 가까운 분이셨으면서도 동시에 아주 멀리 계셨으며, 나의 친구이면서도 동시에 낯선 분이시기도 했다. 그분은 나의 소망의 근원이시지만 두려움과 죄책감과 수치심을 느끼게 하는 근원이시기도 했다.

그러나 이제, 그 죽음의 문턱을 거닐면서 나의 모든 모호함과 모든 불확실함들은 흔적도 없이 사라져 버렸다. 내 생명의 주님이신 그분은 거기 계시며 이렇게 말씀하셨다.

"오라, 나에게로 오라."

나는 그분이 바로 나를 위해서 거기 계시지만 동시에 전 우주를 품고 계시다는 사실을 아주 구체적으로 알게 되었다. 내가 기도를 드렸으며 사람들에게 이야기한 예수님이 바로 그분이셨으나, 이제 그분은 더 이상 어떠한 기도나 말도 원하시지 않는다는 사실도 알게 되었다.

모든 것이 온전했다. 그 경험을 압축해서 두 개의 단어로 표현한다면 그것은 바로 '생명과 사랑'이다.

그러나 그 단어들은 진정한 임재 속에서 육체가 되어 내 곁으로 와 있었다. 죽음은 그토록 친밀하게 나를 둘러싸고 있는 그 생명과 사랑 속에서 힘을 잃고 자취를 감추고 말았는데, 그것은 마치 내가 흉용한 물결이 어디론가 다 사라져 버린 바다 한가운데를 지나가고 있는 느낌이었다. 건너편 해안에 이를 때까지 나는 안전하게 보호받고 있었다. 모든 질투와 적개심과 분노가 눈 녹듯 사라져 버렸고, 사랑과 생명이 내가 이제껏 염려해 왔던 그 어떤 힘들보다도 크고 깊고 강하다는 사실을 목도하였다.

그중에서 유난히 강하게 와닿는 느낌이 있었다. 바로 고향에 돌아왔다는 느낌이었다. 예수님은 나에게 당신의 집 문을 열어 주시면서 이렇게 말씀하시는 것 같았다.

"여기가 네 집이란다."

제자들에게 주고 가셨던 "내 아버지 집에 거할 곳이 많도다. … 내가 너희를 위하여 거처를 예비하러 가노니"(요 14:2)라는 말씀이 눈앞의 현실로 나타났다. 부활하여 이제는 아버지와 함께 거하시는 예수님이 오랜 여정을 지나온 나를 반가이 맞아 집 안에 들여 주시는 것이었다. 이 경험은 나의 가장 오래되고 깊은 갈망이 실현된 것이었다. 의식이 돌아온 그 순간부터 내게는 예수님과 함께 있고 싶은 갈망이 있었다.

이제 나는 가장 생생한 방법으로 그분의 임재를 느꼈다. 마치 나의 온 생애가 한데 모아져 사랑 안에 푹 잠기는 것 같았다. 고향 집에 돌아왔다는 그 느낌은 정말로 '돌아왔다'는 느낌, 하나님의 태(胎) 안으로 돌아왔다는 느낌이었다.

은밀한 곳에서 나를 빚으시고 땅의 깊음 속에서 나를 조성하셨던 하나님, 그 하나님께서 이제 오랜 여정을 마친 나를 다시 불러들이고 계셨고, 아이처럼 사랑받기에 전혀 부족함이 없는 한 자녀로서 나를 다시 되돌려 받기를 원하셨다. 지금까지의 고백은 내 개인적인 고백이다. 나는 그때 그 죽음의 문전에서 너무나 강력한 임재를 경험했다고 분명히 믿고 있다.

용서를 표하고 싶은 갈망

그러나 아직도, 집으로 돌아오라는 그 부름에 대한 저항이 있었다. 면회 온 수에게 한번 그 얘기를 다 했다. 나의 죽음을 가장 막으려고 했던 것은 나에게 아직 마치지 못한 일, 그러니까 내가 과거에 함께 살았거나 지금 함께 살고 있는 사람들과 해결하지 못한 갈등들이었다.

용서하지 않고 미루어 온 고통이, 나에 의해 그리고 나로부터 흘러나와, 이 상처 난 실존 속에 나를 꼭꼭 붙들어 매어 두려고 달려들었다. 마음의 눈을 통하여 내게 분노와 질투, 그리고 미움의 감정들까지 불러일으켰던 많은 사람들을 보았다. 그들은 내게 이상한 힘을 갖고 있었다. 그들은 나에 대해 전혀 개의치 않고 있을지 모르지만 그들을 생각할 때마다 나는 내적인 평안과 기쁨을 잃곤 했다.

그들이 던진 비난과 거절의 말들, 그리고 개인적으로 나를 싫어한다는 표현들은 아직도 나 자신에 대한 느낌들에 영향을 주고 있었다. 그러나 그들을 중심으로부터 진정으로 용서하지 않음으로써 나는 그들에게 나를 다스릴 수 있는 힘을 주어, 나의 낡고 깨어진 실존에 나를 사슬로 꽁꽁 묶어 두게 하였다.

아직도 나에게 화가 나 있는 사람들, 나에 대해서 생각하거나 말할 때마다 아주 깊은 적대감이 느껴지는 사람들이 있다는 사실도 알고 있었다. 내가 그들에게 무슨 짓을 했고 무슨 말을 했는지는 아마 기억이 안 날지도 모른다. 아니 그들이 누구였는지도 잊어버렸을지 모른다. 그들은 나를 용서하지 않았고 자신의 분노 속에 나를 가두어 두고 있었다.

죽음의 목전에서 내가 깨달은 것은 나를 삶에 집착하게 만드는 것이 사랑이 아니라 해결되지 않은 분노라는 사실이었다. 사랑, 나로부터 흘러나오거나 나를 향하여 흘러 들어오는 그 진정한 사랑은 나를 자유롭게 죽을 수 있게 해주었다. 죽음조차 그 사랑을 없앨 수 없었다. 오히려 죽음으로 인하여 그 사랑은 더 깊어지고 강해졌다. 내가 진정으로 사랑하는 사람들, 그리고 나를 진정으로 사랑해 준 사람들은 나의 죽음에 깊은 애도를 느끼겠지만, 그들과 나 사이에 있는 사랑의 끈은 죽음으로 인해 오히려 강해지고 깊어질 것이다. 그들은 나를 기억할 것이고, 나를 여전히 지체의 일부로 여겨 줄 것이며, 그들의 여정 어느 곳에서든 나의 정신을 함께 기리며 다닐 것이다.

그렇다. 진정한 고통은 사랑하는 사람들과 헤어지는 문제가 아니었다. 진정한 문제는, 내가 용서하지 못한 사람들과 나를 용서하지 못한 사람들을 뒤로 하고 떠나야 한다는 것과 상관이 있었다.

그러한 느낌들은 나를 낡은 몸에 계속 얽어매 두려 했고, 나에게 깊은 슬픔을 가져다주었다. 갑자기 아주 강렬한 욕망이 생겼다. 나에게 화가 나 있는 사람들과 내가 분노를 느끼고 있는 사람들을 전부 다 내 침대 맡에 불러

모아 놓고 꼭 끌어안으면서 용서를 구하고 또 나도 그들을 용서한다고 표현하고 싶었다.

그런 생각들을 쭉 하면서 한 가지 깨달은 것은, 그 사람들은 바로 나를 이 세상의 노예로 만들었던 숱하게 많은 의견들과 판단들과 정죄하는 행위들을 대표한다는 점이다.

그리고 나는 다음과 같은 확신들이 옳다는 것을 나 자신뿐 아니라 다른 사람들에게 입증해 보이는 일에 엄청난 에너지를 쏟아 왔구나 하는 생각이 들었다. 즉 세상에는 믿을 수 없는 사람들이 있고, 나를 이용하려거나 나를 무시하려고 하는 사람들도 있으며, 어디에 속한 사람이든 어떤 부류의 사람이든 인간은 누구나 제구실을 다 못하는 모자라는 존재라는 확신 말이다. 말하자면 나는 내가 인간들의 행동의 평가자요 판단자로 운명지어진 존재나 되는 듯이 느끼는 아주 고질적인 착각을 하고 있었던 것이다.

이제 내 안에 생명이 꺼져 가고 있음을 느끼면서 어

떤 강한 열망 즉 용서하고 싶고 용서받고 싶은 열망, 내가 내렸던 그 모든 평가들과 의견들을 다 날려 보내고 싶은 열망, 그리고 판단하는 모든 짐들로부터 자유로워지고 싶은 열망들을 느꼈다. 나는 수에게 이렇게 말했다.

"저에게 상처를 준 모든 사람들에게 전해 주세요. 제가 마음 중심으로부터 그분들을 용서한다고 말예요. 그리고 저 때문에 상처받은 사람들에게도 다 말해 주세요. 부디 저를 용서해 달라고 말입니다."

이렇게 말하고 나자, 마치 내가 계급장을 달고 군에서 군목으로 복무할 때 허리에 차고 다녔던 그 넓디넓은 가죽 혁대와 멜빵들을 벗어 버린 것 같은 기분이 들었다. 그 혁대와 멜빵이라는 것들은 허리만 둘러 주는 것이 아니라 가슴이며 어깨까지 온통 휘감고 있었던 것이다. 그 혁대와 멜빵은 나에게 위신과 권세들을 가져다주었다. 그것들은 나에게 사람들을 판단하고 명령을 내리도록 부추겼다. 나는 아주 잠시 군대에 머물렀지만, 내 기억에 혁대와 멜빵을 완전히 벗어 본 적은 한 번도 없었다. 그러나 지금 나는 분명히 깨달았다. 결코 답답하게 나를 옭매는 그 혁대와 멜빵에 묶인 채로 죽고 싶지는 않다는 것을. 죽을 때 나는 아무 권세 없이, 혁대와 멜빵도 벗어 버리고, 모든 판단으로부터 완전히 자유로워진 모습으로 죽어야만 한다.

고통이 끝이 나다

죽음의 문턱에 선 그 시간 가장 마음에 걸렸던 점은, 나의 죽음으로 말미암아 누군가가 죄책감을 느끼게 되거나 양심에 가책을 받거나 혹은 영적으로 혼란과 방황을 겪을지도 모른다는 생각이었다. 나의 죽음 앞에서 누군가 이런 생각을 하게 되지나 않을까 나는 자못 두려웠다. "기회가 한 번만 더 있었더라면 … 그와 나 사이의 갈등을 풀 수 있는 기회, 내가 가진 그대로의 느낌을 말할 수 있는 기회, 내가 가졌던 진짜 심정을 토로할 수 있는 기회가… 그러길 바라지만 이제는 너무 늦었어."

나는 이렇게 못다 한 말과 드러내지 못한 몸짓을 품고 살아가야 하는 삶이 얼마나 고통스러운지 잘 알고 있었다. 그런 앙금들은 우리의 그늘을 더욱 짙게 하며 죄책감의 짐을 지우는 것이다.

나는 나의 죽음이 다른 사람들에게 좋게 남을 수도 있고 또 그렇지 않을 수도 있으며, 그것은 내가 이제 죽음의 문턱에서 선택하는 태도에 달려 있다는 사실을 알게 되었다. 나는 수에게 다시 이렇게 말했다.

"제가 죽거들랑 모든 사람들에게 이렇게 말해 주세요. 저는 제가 알았던 모든 사람들에게 뜨거운 사랑을 느끼고 있으며, 그것은 갈등으로 인해 저와 껄끄러운 관계에 있었던 사람들도 마찬가지라고 말입니다. 부디 그들에게 전해 주세요. 불안해하거나 죄책감을 느끼지 말고 저를 아버지 집으로 편안히 보내 달라고, 그리고 우리가 함께 나눈 영적인 교제가 더욱 깊이 있고 강하게 자라날 것이라는 사실을 믿자고 말입니다. 또 이렇게 전해 주세요. 하나님께서 평생에 제게 주신 그 모든 것들을 인하여 저와 함께 기뻐하며 감사드리자고요."

내가 할 수 있는 일이란 그게 다였다. 수가 마음을 활짝 열고 내 말들을 받아들여서 내가 일러준 그 말들의 열매들을 맺어 가게 할 것이라는 사실을 나는 알고 있었다. 수는 놀랍도록 친절한 눈빛으로 나를 바라보았고 그 눈빛은 나에게 모든 것이 다 잘될 것이라고 말해 주고 있었다.

그 순간 이후로, 나는 나 자신을 주님께 온전히 의탁하였고, 내 마음은 마치 어미 닭의 날개 아래 숨은 작은 병아리라도 된 듯했다. 이런 안전하다는 느낌은 '이제 고통이 다 끝났구나' 하고 느끼는 의식과 서로 관련이 있었다.

내가 받기 원하는 사랑을 받을 수 없는 데서 오는 고통, 내가 가장 베풀어 주고 싶은 그 사랑을 줄 수 없다는 데서 오는 고통, 거절당했다는 느낌과 잊혀지고 버림받았다는 느낌에서 오는 고통, 이런 고통들이 끝나 가고 있었던 것이다. 그 사고로 흘렸던 엄청난 피, 그것은 평생 나를 괴롭혀 왔던 고통들에 대한 아주 좋은 비유가 되었다. 그 고통들 또한 내 몸 밖으로 흘러나갔고, 나는 내가 전심으로 갈구하던 사랑을 알게 되었다. 예수님이 그곳에 계시며 나에게 아버지의 그 사랑을 깨닫게 해주셨던 것이다. 내가 그토록 받고 싶어서 전심으로 갈구하던 사랑, 나로 하여금 내 모든 것을 다 내어 주게 만들어 줄 수 있었던 사랑을 주신 것이다.

예수님 당신이 고통의 삶을 사셨다. 그분은 가장 소중한 것을 주지 못하거나 받지 못하는 데서 오는 고통을 아셨다. 그러나 그분은 자기를 세상에 보내신 아버지께서 결코 그분을 혼자 내버려두지는 않으시리라는 믿음으로 그 고통들을 이겨내며 사셨다. 바로 그 예수님께서 지금 모든 고통이 끝난 문턱 저편에 서서 나를 '저편의 나라'로 부르고 계셨던 것이다.

수술실에서

간호사들이 내 침대를 밀어 나를 수술실로 데려갈 때도, 그리고 나를 두 팔로 들어올려 수술대에 옮겨 줄 때에도, 내 마음에는 깊은 평안이 흐르고 있었다. 수술대 위에서 올려다본 마스크를 쓴 의사들의 얼굴 중에는 프라사드 박사도 있었다. 그녀가 거기에 함께 있어 주리라고는 생각하지 못했는데, 그렇게 얼굴을 보게 되니 매우 기뻤다. 그로 인해 누군가 나를 알아본다는 느낌, 내가 보살핌을 잘 받고 있다는 느낌이 들었던 것이다. 그런 생각 중에 내가 어떻게 마취 상태에 들어갈 것인지 궁금해졌다. 간호사에게 물어 보니 자기가 마취 주사를 놓을 것이라고 말했다. 그녀는 그렇게 했고, 그게 기억의 마지막이었다.

수술이 어떻게 진행되었는지 그 과정을 프라사드 박사로부터 듣게 된 것은 몇 주가 지난 뒤였다.

"신부님의 비장이 마치 피 바다 위에 떠 있는 섬 같았어요. 수술을 견뎌 내실 수 있을지 자못 염려가 되었어요. 전체 혈액의 거의 3분의 2 가량을 출혈한 상태라서 신부님을 살릴 수 있을지 모두들 장담할 수 없는 상황이었습니다. 그러나 결국 반즈 박사가 출혈을 멈추게 했고 비장을 떼어 낼 수 있었습니다. 그분이 신부님의 생명을 구한 셈이죠."

그러니까 수술을 집도했던 반즈 박사나 프라사드 박사도 여러 가지 검사를 해보긴 했지만 출혈의 심각한 정도를 예상하지 못했던 모양이다. 내가 침대에 실려 다시 중환자 병동으로 돌아오자, 수술에 참여했던 사람들은 하나같이 내가 구사일생으로 살아났다고 입을 모았다.

마취에서 깨어난 직후 한 간호사가 이렇게 말했다.

"신부님, 그분께 감사드리셔야겠어요." 나는 그녀가 반즈 박사를 이야기하고 있다고 생각했다. 그러나 내가 물어 보자, 그 간호사는 자기가 말한 그분은 하나님이었다고 말해 주었다.

회복

필멸의 삶을 깨달으며
영원을 보다

"인생이란

진정으로 다른 사람들을 위해서

죽을 수 있도록

자신을 준비하는 긴 준비의 여정이다."

Beyond the Mirror

풀려났던 세상으로 다시 돌아오다

수술 후 몇 날이 지나면서 나는 내가 죽지 않고 살아나서 곧 회복될 것이라는 사실이 무엇을 의미하는지 알아가기 시작했다. 수를 비롯한 많은 문병객들이 찾아와 내가 고비를 넘기고 순조롭게 회복되는 것을 크게 기뻐하며 감사한 마음들을 전하고 갔지만, 나는 잠깐 동안 벗어났던 그 세상으로 다시 돌아와 있다는 아주 간단한 이 사실에 직면해야만 했다.

살아나게 된 것은 기뻤으나 내 속의 더 깊은 부분에서는 왜 예수님께서 나를 아직 집으로 부르지 않으셨을까 하는 혼란과 의구심이 일었던 것도 사실이다. 그렇다. 나는 다시 친구들과 함께 지내게 되어서 행복했으나 이 '눈물 골짜기'로 되돌아오는 것이 왜 더 나은지를 여전히 자문해야만 했다.

가족과 공동체와 더불어 더 오래 살 수 있게 된 것에 대하여 깊이 감사드렸다. 그러나 이 땅에서 더 오래산다는 것은 더 많은 고생, 더 많은 아픔, 더 많은 고통 그리고 더 많은 고독을 의미한다는 사실 또한 잘 알고 있었다. 그러니 쾌유를 축하하는 많은 말들을 받아들이는 것이 내심 그리 쉬운 일은 아니었다.

물론, "제가 죽고 없어짐으로 인해 당신이 하나님께로 더 가까이 나아갈 수 있었다면 그 편이 당신에게 어쩌면 더 유익했을지도 모르겠습니다" 하며 직접 표현할 수는 없었다. 그러나 나의 영혼만큼은 계속해서 그 말을 되뇌이고 있었다.

나의 물음의 골자는 이것이었다. "나는 왜 살아 있는가? 왜 나는 아직 하나님의 집에 들어갈 준비가 안 된자로 여겨졌을까? 왜 나는 사랑이 그토록 모호해진 이 세상, 평안을 그토록 경험하기 힘든 세상, 기쁨이 그토록슬픔 속에 깊이 파묻혀 버린 세상으로 되돌려 보내져야만 했을까?"

물음은 여러 모양으로 나를 찾아왔고, 나는 이제 내가 그 대답을 찾아 서서히 성장해야만 한다는 사실을 알고 있었다. 앞으로 살아갈 남아 있는 삶 가운데서 그 물음은 언제나 나를 따라다닐 것이고, 나는 결코 그 물음을 완전히 떨쳐 버릴 수 없을 것이다. 이 물음은 지금도 나를 내 소명의 핵심으로 되돌아가게 해주곤 한다. 그 소명은 첫째로 하나님과 함께하고자 하는 불타는 열망으로 살아가는 것이고, 둘째로 하나님의 사랑의 충만함을 사모하면서 끊임없이 그 사랑을 선포하는 것이다.

죽음에 직면했던 경험이 나로 하여금 이 소명에 수반되는 긴장을 더 잘 이해할 수 있게 해주었다. 분명한 것은 그 긴장이 해결해 나가야 할 성질의 것이 아니라 많은 열매를 맺을 수 있을 만큼의 깊이 있는 삶으로 살아가야 한다는 것이다.

생명을 주는 죽음

내가 죽음에 대해서 배운 사실은 다른 사람들을 위해 죽음으로 부르심을 받는다는 것이다. 내가 어떤 식으로 죽느냐 하는 사실이 많은 사람들에게 영향을 준다는 것이다. 만일 내가 분노와 쓴 뿌리 속에서 죽어 간다면 나는 내 뒤에 남게 될 가족과 친구들을 혼란과 죄책감과 부끄러움과 연약함 속에 처하게 만들 것이다. 죽음이 눈앞에 와 있음을 느끼던 그 순간 불현듯 내 뒤에 남게 될 그 사람들의 마음속에 나는 얼마나 깊은 영향을 줄 수 있을지 깨달았다.

만일 내가 죽음의 문턱에서 지금까지의 삶에 대해서 감사한다고 말할 수 있다면, 용서하고 싶고 용서받고 싶은 열망을 가질 수 있다면, 또 나를 사랑했던 사람들이 여전히 기쁨과 평안 속에서 자신들의 삶을 이어가리라는 소망에 가득 찰 수 있다면, 그리고 나를 부르시는 예수님이 어떻게든 나의 삶과 관련이 있었던 그 모든 사람들도 인도해 주실 것이라고 확신할 수 있다면, 그렇게만 할 수 있다면 나는 그 동안 내 전 생애를 통해서 나타낼 수 있었던 것보다 훨씬 더 많은 참된 영적인 자유를 나의 죽음을 통해 나타낼 수 있게 될 것이다.

나는 가장 깊은 차원에서, 죽음이야말로 삶의 가장 중요한 행위라는 사실을 깨달았다. 우리는 죽음을 통하여 다른 사람들을 죄책감으로 묶어 놓을 수도 있고, 자유로이 감사할 수 있는 상태에 놓아 둘 수도 있다. 이 둘의 차이는 바로 하나는 생명을 주는 죽음이고, 다른 하나는 그저 죽음으로 끝나는 죽음이다.

많은 사람들이 자기 주변의 죽은 사람들에게 자기가 해주고 싶었던 것을 해주지 못했다는 깊은 자책감을 지니고서 살아가며, 또한 그들이 그 만성적인 죄책감을 어떻게 치유받아야 할지에 대해서 전혀 모른다는 것을 잘 알고 있다. 죽어 가는 사람은 남겨지는 사람들을 자유롭게 해줄 수 있는 아주 특별한 기회를 가지고 있다.

그 '죽어 가는 시간' 동안 내 마음에 가장 강력하게 파고든 느낌은 나의 죽음을 애도하게 될 사람들에 대한 나의 책임에 관한 것이었다. 그들의 애도는 기쁨의 애도일까, 죄책감의 애도일까? 깊은 감사의 애도일까, 가책과 후회의 애도일까? 그들이 갖게 될 느낌은 버림받았다는 느낌일까, 아니면 자유로운 느낌일까?

사람들 중에는 나에게 깊은 상처를 준 사람도 있고, 나에게서 깊은 상처를 받은 사람도 있다. 나의 내면 생활의 형성은 그 사람들에 의해 많은 영향을 받았다. 솔직히 분노나 혹은 죄책감 속에서 언제까지고 그들에게 매달려 있고 싶은 유혹도 느껴졌다.

그러나 동시에 나에게는 그들을 자유롭게 놓아 주고 내 삶을 그리스도 안에서의 새생활에 온전히 복종시킬 수 있는 선택권도 있음을 알았다.

예수님을 통하여 하나님과 연합되기를 원하는 나의 깊은 소원은 사람들과의 관계에 대한 경시(輕視)로부터 생겨난 것이 아니라, 오히려 그리스도 안에서 죽는다는 것이 내가 다른 사람들에게 줄 수 있는 가장 큰 선물이 될 수도 있다는 사실에 대한 뼈아픈 인식에서 나온 것이었다.

자아에 대한 죽음

이런 면에서 볼 때, 인생이란 하나의 긴 준비의 여정, 즉 진정으로 다른 사람들을 위해서 죽을 수 있도록 자신을 준비해 가는 여정이다. 그것은 연속되는 일련의 작은 죽음들로서, 그 속에서 우리는 우리가 바싹 매달려서 의지하기 원하는 여러 가지 형태의 것들을 놓아 보내고, 또 다른 사람들을 필요로 하는 삶으로부터 다른 사람들을 위해 살아가는 방향으로 서서히 움직여 갈 것을 요구받는다.

유아기에서 사춘기로, 사춘기에서 성년기로, 성년기에서 노년기로 성장하는 동안 우리가 지나게 되는 모든 길목들마다에서 우리는 매번 나를 위해서 살 것이냐, 다른 사람들을 위해서 살 것이냐를 선택해야 하는 순간에 부딪히게 된다.

그 길목들을 지나는 동안 우리에게는 다음과 같은 질문들이 찾아온다. 즉 내가 원하는 것은 권세인가, 섬김인가? 내가 바라는 것은 드러나는 것인가, 숨겨지는 것인가? 나는 성공을 원하고 있는가, 아니면 소명에 충실하려 하는가? 이런 물음들은 계속 우리를 찾아와 쉽지 않은 선택을 요구한다.

이런 의미에서 우리는 인생이란 자아에 대해서 죽어 가는 기나긴 여정이라 말할 수 있으며, 그 여정을 통하여 마침내 우리는 하나님의 기쁨 안에서 살아가고, 우리의 삶을 온전히 다른 사람들에게 내어 줄 능력을 가지게 될 것이다.

내가 직면했던 그 죽음에 비추어서 이 사실을 돌이켜볼 때, 사실 나는 이런 식의 생각이 얼마나 낯선가 하는 생각을 한다. 비단 주위 사람들에게만 그럴 것이라는 게 아니라 바로 나 자신한테도 마찬가지이다.

아주 잠깐이지만, 인생이라는 게 도대체 무엇이냐 하는 것을 내가 분명히 보았던 것은 죽음과 얼굴을 맞대고 있던 그 순간뿐이었다. 지적으로야 자아에 대해 죽는다는 게 어떤 의미인지 이미 다 알고 있었지만, 죽음 앞에 맞부딪쳤을 때에야 비로소 나는 그 말의 의미를 온전히 터득할 수 있게 되었다. 예수님께서 나를 부르셔서 모든 것을 놓아 보내라고 말씀하셨을 때, 그리고 그렇게 함으로써 나의 인생이 다른 사람들을 위하여 열매 맺는 삶이 되리라는 것을 온전히 믿으라고 말씀하셨을 때, 나는 지금껏 내 인생의 가장 깊은 소명이 무엇이었는지를 한 순간에 바라볼 수 있게 되었다.

아버지의 사랑 안에 닻을 내리다

죽음과의 만남을 통하여 나는 나의 육체적인 죽음의 의미에 대하여, 그리고 그보다 선행되어야 할 평생에 걸친 자아에 대한 죽음의 의미에 대하여 매우 새로운 것을 깨닫게 되었다. 이제 내가 다시 삶으로, 그리고 그에 따르는 많은 고난들 속으로 다시금 돌려보내졌다는 사실은, 이제부터는 새로운 방식으로 하나님의 사랑을 선포하도록 부름받았다는 것을 뜻한다. 나는 그렇게 믿는다.

지금까지 나는 유한한 시간을 영원으로, 지나가는 실체를 영존하는 실체로, 인간의 사랑의 경험을 하나님의 사랑으로 연결시켜서 생각해 오고 말해 왔다.

그러나 삶의 '저편'을 만져 보고 온 이후부터는 나에게서 새로운 증거가 요구되고 있음을 느낀다. 즉 그 증거란 무조건적인 사랑의 세계의 것을 가져다가 이 모호함 투성이의 세계에 말해 주는 것이다. 너무나 급진적인 변화여서 동료들이 마음으로 느낄 만한 말을 찾아 표현한다는 일은 대단히 어려운, 아니 아예 불가능하다고 생각한다. 그러나 그 말들을 찾아내야 한다고 생각하며, 그렇게 한다면 그 말들은 인간의 마음속에 있는 가장 깊은 소원들을 흔들어 깨워 주리라고 믿는다.

예수님이 당신의 아버지께 올려 드린 기도의 말들을 요즘 새롭게 듣고 있다. "내가 세상에 속하지 아니함 같이 그들도 세상에 속하지 아니하였사옵나이다 그들을 진리로 거룩하게 하옵소서 아버지의 말씀은 진리니이다 아버지께서 나를 세상에 보내신 것 같이 나도 그들을 세상에 보내었고"(요 17:16-18).

죽음 곁에 머물렀던 그 시간에 내가 경험한 하나님의 사랑은 내가 이 세상, 즉 우리 사회의 어두움의 권세들에 속해 있지 않다는 사실을 새롭게 환기시켜 주는 지식을 깨닫게 해주었다. 그 지식은 내 마음속 깊숙한 곳에 들어와 나로 하여금 나의 정체(正體)를 더욱 온전히 받아들이게 해주었다. 나는 하나님의 아들이요 예수님의 형제이다. 나는 하나님의 사랑의 그 친밀함 속에서 안전하게 보호받고 있다. 예수님이 요단강에서 세례를 받으실 때 그분은 하늘로부터 이런 음성을 들으셨다. "이는 내 사랑하는 아들이요 내 기뻐하는 자라"(마 3:17). 이 말씀은 사랑받는 자로서의 예수님의 참 정체를 드러내 주고 있다.

예수님은 진정 그 음성을 들으셨고, 그분의 모든 생각과 말과 행동은 당신이 하나님으로부터 무한한 사랑을 받고 있는 존재라는 사실에 대한 깊은 인식으로부터 비롯되었다. 예수님은 내면에 있는 그 사랑의 힘으로 삶을 사셨다. 인간들의 거절, 시기, 적개심, 증오 따위가 그분께 깊은 상처를 가했음에도 불구하고, 그분은 언제나 아버지의 사랑 안에 닻을 내리고 있었다. 인생을 마감할 무렵 그분은 제자들에게 이렇게 말씀하셨다.

"보라 너희가 다 각각 제 곳으로 흩어지고 나를 혼자 둘 때가 오나니 벌써 왔도다 그러나 내가 혼자 있는 것이 아니라 아버지께서 나와 함께 계시느니라"(요 16:32).

나는 이제 분명히 안다. 그날 세례 받으실 때 예수님께 들려온 그 말씀은 바로 나에게 들려주시는 말씀이기도 하며, 예수님의 형제자매 된 모든 사람에게 주시는 말씀이기도 하다는 사실을 말이다. 자기를 거부하고 자기를 비하하려는 나의 성향이 나로 하여금 그 말들을 진리로 듣지 못하게 하며, 그 말들이 내 심령의 중심에 자리하는 것을 방해함을 본다.

그러나 일단 그 말들을 온전히 받아들이고 나자, 나

는 이제 이 세상에 나 자신을 입증해 보여야 한다는 모든 강박으로부터 자유로워졌다. 이 세상에 속하지 않으면서도 이 세상 가운데서 살아갈 수 있게 되었다.

내가 하나님의 사랑받는 아들, 무조건적인 사랑을 받는 자라는 진리를 일단 마음속에 받아들이게 되자, 이제 나는 세상에 보냄을 받아 예수님께서 하신 것과 똑같이 말하고 행동할 수 있게 되었다.

지금 내 앞에 놓여 있는 가장 커다란 영적인 과업은, 내가 하나님께 속한 존재라는 사실을 그야말로 온전히 믿어서 세상에서 자유로울 수 있어야 한다는 것이다. 자유롭다는 것은 내 말이 받아들여지지 않을지라도 말할 수 있는 자유, 내 행동이 비난을 받고 비웃음을 사고 쓸데없는 일이라고 여겨지더라도 행동할 수 있는 자유, 사람들로부터 사랑받을 수 있는 자유, 그리고 이 세상에 존재하는 하나님의 임재에 대한 모든 징표들로 인하여 감사드릴 수 있는 자유 등을 다 의미한다.

나는 내가 무한한 사랑으로 사랑받는다는 사실을

온전히 믿을 때, 내가 진정 세상을 사랑할 수 있게 된다는 사실을 확신하게 되었다.

예수님처럼 보냄을 받다

마취에서 깨어나 내가 지금 하나님의 집에 와 있지 않고 아직도 세상에 살아 있다는 것을 알았을 때, 나는 즉각적으로 내가 보냄을 받았다는 사실을 인식했다. 사랑에 주리고 목말라 있으면서도 결코 그것을 줄 수 없는 세상에서 그 사랑을 찾아 헤매는 사람들에게 모두를 품어 주시는 아버지의 그 사랑을 알게 하라고 보냄을 받았던 것이다.

나는 이 '알린다'는 것이 일차적으로 말의 문제, 논리의 문제, 언어의 문제, 방법의 문제가 아니라는 것을 안다. 여기서 관건은 진리 안에서 존재하는 양식으로서 진리란 설득하기보다는 직접 본이 되어 보여 주는 것을 말한다.

그것은 증거 양식이다. 나는 보냄을 받았지만 동시에 저편에 머물러 있어야 한다. 나는 시간 속에서 인간들의 추구를 탐색해야 하면서도 동시에 영원을 살아가야 한다. 나는 나 자신을 사람들에게 내어 주면서 동시에 하나님께 속해 있어야 한다.

영원을 만져 보고 왔음에도 불구하고, 지금 그것을 정확히 묘사할 수는 없을 것 같다. 마치 그것이 여기에는 처음부터 존재하지 않았던 듯 말이다. 예수님은 아버지와의 친밀하고 깨어질 수 없는 연합 속에서 세상을 향하여 말씀하셨고, 그럼으로써 하늘과 이 땅을 연결시키셨다. 니고데모에게 그분은 이렇게 말씀하신다. "우리는 아는 것을 말하고 본 것을 증언하노라"(요 3:11).

나도 예수님처럼 되어 내가 본 것을 증거할 수 있을까? 물론이다. 나는 하나님 안에서 살면서 인간이라는 현실의 존재에게 말할 수 있다. 나는 영존하는 것들 안에서 안식을 누리면서도 지나가는 것들의 의미를 볼 수 있다.

나는 하나님의 집에 거함과 동시에 사람들의 집에

서 편안함을 느낄 수 있다. 나는 생명의 떡으로 배부름을 얻었지만 먹을 것이 없어서 죽어 가고 있는 사람들을 위하여 구제 사역을 할 수 있다.

나는 이 세상이 주지 못하는 하늘의 평안을 맛보고 있지만 여전히 이 땅에 정의와 평화를 심기 위해서 수고하는 일에 나 자신을 드릴 수 있다. 어느 정도의 위치에 이르렀지만 여전히 그 위치에서 나 자신이나 다른 사람들이 하나님을 계속 추구하는 일에 동참하고 있다는 사실을 믿을 수 있다. 나는 이제 내가 하나님께 속해 있다는 사실을 집 없는 이들과 소외된 이들의 고통을 같이 나는 일의 출발점으로 삼을 수 있다.

그러나 몇 가지 위험이 있다. 잘못된 근거에 기대어 안심할 수 있는 위험, 추측만으로 명확하게 결론짓는 위험, 그리고 심지어는 억누르고 싶은 오래된 유혹 거리인 절대주의나 독단주의로 흐를 위험까지 있다. 사실 영원에 속한 것을 시간 속에서 말한다는 것은 자칫하면 강압적인 것으로 인식될 수 있다. 질문이 제기되기도 전에 대답이 먼저 주어져 버릴 수 있기 때문이다.

그러나 예수님의 사역은 온통 다 '위로부터의' 사역이었고, 하늘에 계신 아버지와의 관계 속에서 태어난 사역이었다. 예수님이 제기하신 모든 질문들, 그분이 주신 모든 대답들, 그분이 불러일으켜서 직면해야 했던 모든 도전들, 그분이 베푸신 모든 위로들은 다 아버지의 무조건적인 사랑에 대한 그분의 깊은 인식 속에 뿌리를 내리고 있었다.

예수님의 사역이 강압적인 것이 아니었던 이유는 그 사역들이 그분이 누리신 깊은 무조건적인 사랑에서 왔기 때문이다. 인정받고 수용을 받아야겠다는 인간적인 필요에서 비롯된 것이 결코 아니기 때문이다.

그분은 완전히 자유로우셨는데, 그 정확한 이유는 그분이 세상에 속한 것이 아니라 절대적으로 아버지께만 속하셨기 때문이다. 예수님의 사역은 그야말로 세상 모든 사역의 완벽한 모델이다. 그렇기 때문에 '위로부터의' 사역이라는 말은 결코 권위주의적이거나 조작적이거나 강압적인 것이 될 수 없다. 그것은 오히려 사랑 안에 닻을 내리고 있으며, 그 사랑은 인간관계에 얼룩을 남기는 억지나 강박 관념으로부터 자유롭다. 뿐만 아니라 긍휼과 용서의 심령으로 인간의 고통에 동참하고자 하는 자유도 동반한다.

고뇌의 삶으로 돌아오다

나에게 있어서 문제는 죽음과의 그 대면이 나를 세상에 대한 집착으로부터 정말 충분히 자유롭게 해주었는가, 그래서 이제는 내가 위로부터 '보냄 받은' 것이라고 믿는 나의 소명에 참으로 진실하게 임할 수 있겠는가 하는 것이다.

거기에는 분명히 기도로의 부르심, 묵상으로의 부르심, 침묵과 고독과 내적인 잠잠함으로의 부르심이 내포되어 있다. 나는 거기에 속하기 위해서 여기에 '속하지 않기를' 끊임없이 선택해야만 한다. 나는 위로부터 있기 위해서 아래로부터 있지 않기를 늘 재확인해야만 한다.

일상적인 실존에 착념케 하는 힘이 우리에게 다시 그 위력을 떨치게 될 때, 우리가 맛보던 하나님의 무조건적인 사랑은 이내 사라져 버리고 만다. 병상에서 깨달았던 인생에 대한 그 명확한 의미도 많은 일상의 의무 조항들이 다시 내 삶을 지배하게 될 때, 너무도 쉽게 사라져 버리고 만다.

예수님의 제자로 남아 있다는 것, 그분의 사랑 안에 닻을 내린 채로 그렇게 지속한다는 것, 늘 위로부터 오는 삶을 산다는 것에는 엄청난 훈련이 요구되는 법이다. 비록 병원에서 얻은 그 진리가 하늘을 뒤덮은 구름 사이로 희미하게 비쳐 오는 한 가닥의 빛줄기 같다 할지라도 결코 부정할 수 없는 진리이다. 인생의 숱한 구름들은 언제나 나를 속여서, 온기와 빛을 주는 것이 여전히 태양이라는 사실을 부인하게 만들려 하지만 이제는 어림도 없다.

예수님은 "내가 곧 길이요 진리요 생명이니"라고 말씀하신다. 이제 내게 이 말씀은 단지 생각이나 명상 거리가 아니다. 이미 이 말씀은 내 존재의 심장을 만졌고, 만질 수 있는 실체가 되어 버렸다.

바로 그 실체의 관점에서 볼 때 사람들과 사물들과 사건들은 전부 다 실체로 와닿게 되는데, 그 모든 것들이 예수님 안에서 내게 깨닫게 하신 하나님의 사랑과 생명에 연관되어 있기 때문이다.

이러한 하나님과의 연결을 빼 버린다면, 사람들과 사물들과 사건들은 순식간에 그 영원성을 잃어버리고 그저 덧없는 환상이나 시들고 말 꿈에 그친다. 내가 진리이고 생명이고 빛이신 하나님과의 연합을 잃어버린다면, 그 순간 나는 다들 자기가 궁극적인 가치라고 우겨대며 나에게 달려오는 무수한 매일의 '현실들'에게 다시 꽁꽁 얽매이고 말 것이다.

만일 내가 하나님을 내 심장 한가운데 계속 모시려는 아주 명확하고 자발적인 시도를 하지 않는다면, 나의 입원 체험이 한갓 아름다운 신앙의 추억으로 변해 버리는 것은 그야말로 시간 문제일 것이다.

나의 회복에 대한 친구들의 반응을 보면서 우리 사회가 갖고 있는 삶과 죽음에 대한 인식의 방식에 대해 깊이 되새기게 되었다. 한 사람도 예외 없이 그들은 나의 회복을 축하해 주었고, 내가 호전되고 있는 것에 대해 감사드렸다. 그들의 관심과 애정에 대해서는 물론 말할 수 없이 감사드리지만, 죽음의 문턱에서 하나님과 만났던 그 일이 과연 '다시 회복되는' 것이 나에게 최선의 것이겠는가를 다시 한 번 묻게 했다.

이 어지러운 세상에서 완전히 자유롭게 되어 본향에 들어가 하나님과 온전히 연합하는 것이 훨씬 더 나은 일이 아니었을까? 이 유한한 세상을 떠나 썩지 않는 하나님의 본체 속에서 영원히 안전하게 거하는 것이 훨씬 더 낫지 않았을까? 여행 중에 있는 것보다는 목적지에 도착해 있는 것이 더 낫지 않을까?

그러나 나에게 편지를 보내 준 사람들, 전화를 걸어 준 사람들, 꽃을 보내 준 사람들, 그리고 문병을 와 준 사람들 중에서 단 한 사람도 나처럼 생각하는 사람이 없는 것 같았다. 그렇게 놀랄 만한 것은 아니었다. 나라도 내 친구가 똑같은 처지에 처해 있었다면 그렇게 반응했을 것이다.

그럼에도 불구하고, 지나가는 말로라도 내가 옛 삶으로 다시 돌아온 것이 내 교통사고의 최선의 결과가 아닐 수도 있다고 말해 준 사람이 하나도 없다는 사실에 나는 다소 은근히 놀랐다. 편지에 이런 말을 적어 준 사람은 아무도 없었다. "당신이 당신의 인생을 드렸던 그 주님과 아직 완전히 연합될 준비가 안 되어 있다는 사실은 분명 실망으로 다가왔으리라 생각합니다. 그러나 당신의 한 동료 나그네로서 당신이 고뇌의 삶 속으로 다시 돌아오게 된 것을 환영합니다."

거울 너머의 시선으로
자, 이제 영원한 기쁨과 평안 속에서 하나님과 함께 살기를 간절히 바라는 내용을 담고 있는 셀 수 없이 많은 전례문들과 기도문들은 우리의 진짜 소원을 표현해 주고 있지 않다는 점이 명백하게 드러나고 말았다.

그러니까 내 친구들이 보기에는 불행하고 고통 많은 이 땅에서의 삶이 죽음이라는 경계선 저편 하나님의 언약이 완성되는 세계로 가는 것보다 더 좋아 보였는지 모를 일이다. 나는 지금 냉소적으로 말하고 있는 것이 결코 아니다. 나 역시 내 친구들과 조금도 다를 바가 없다는 사실을 너무나 잘 알고 있다.

단지 삶의 거울 너머 저편을 한 번 들여다보고 나니까, 이제 좀 의아한 생각이 든다는 것이다. 즉 우리가 이 땅에서의 삶에 그렇게 집착한다는 사실을 통하여 신앙고백의 가장 본질적인 부분들 가운데 하나인 영생에 대한 믿음을 사실상 잃어버리고 있는 게 아닌가 하는 생각을 과연 해보느냐는 말이다.

이런 모든 생각들이 진정한 회복의 의미를 돌아보는 데 큰 도움이 되었다. 내게 여분의 시간이 더 주어진 것은 그 여분의 삶을 '다른 세계의 시각을 가지고' 살아가라는 뜻이 아닐까 하는 생각이 생각하면 할수록 점점 더 깊이 든다. 신학이란 세상을 하나님의 관점에서 보는 것을 뜻한다. 어쩌면 나 자신이 먼저 좀더 신학적으로 살아가면서, 더 나아가 다른 사람들이 나처럼 승합차의 사이드 미러에 치이지 않고도 삶을 좀더 신학적으로 살아야 한다는 것을 깨달을 수 있도록 도와주라고 기회를 주신 것인지도 모르겠다.

건강이 점점 제 상태를 되찾아가고 있는 이 시점에, 나는 그리스도의 영광을 위하여 삶과 죽음 사이에 끼어 있다고 고백한 바울의 딜레마가 바로 나의 것이 되었음을 깨닫는다. 이 딜레마가 빚어내는 긴장은 이제 내 인생의 가장 밑바탕을 이루는 긴장이 되었다. 바울은 이렇게 고백했다.

"이는 내게 사는 것이 그리스도니 죽는 것도 유익함이라 그러나 만일 육신으로 사는 이것이 내 일의 열매일진대 무엇을 택해야 할는지 나는 알지 못하노라 내가 그 둘 사이에 끼었으니 차라리 세상을 떠나서 그리스도와 함께 있는 것이 훨씬 더 좋은 일이라 그렇게 하고 싶으나 내가 육신으로 있는 것이 너희를 위하여 더 유익하리라 내가 살 것과 너희 믿음의 진보와 기쁨을 위하여 너희 무리와 함께 거할 이것을 확실히 아노니 내가 다시 너희와 같이 있음으로 그리스도 예수 안에서 너희 자랑이 나로 말미암아 풍성하게 하려 함이라"(빌 1:21-26).

정상적인 삶으로 돌아가면서, 나는 부디 바울의 이 고백이 점점 더 내게 지침이 되어주기를 기도한다.

살든지 죽든지 주님의 것

나의 죽음이 다른 사람들에게 선물일 수도 있다는 사실을 깨달은 지금, 나는 앞으로의 삶 또한 그에 못지않은 선물이 되리라는 사실도 분명히 안다. 왜냐하면 죽음이든 삶이든 둘 다 예수 그리스도의 영광 안에서 그 참 의미를 발견할 수 있기 때문이다. 그러므로 우리에겐 아무것도 걱정할 것이 없다. 부활하신 그리스도는 죽은 자의 주인이실 뿐 아니라 산 자의 주인이시기도 하다.

모든 영광과 존귀와 찬송은 오직 그분께만 올려 드려야 한다. 지나가던 승합차의 그 사이드 미러가 나를 치며 해 준 일은 어쩌면 단지 이 사실을 상기시켜 주는 것뿐이었는지도 모른다.

인 생 의
깊 은 소 명 을 알 다

다시, 삶으로

죽음의 문턱에 다녀왔던 경험을 글로 써 낸 지 어느덧 몇 달이 지났다. 이제 나는 말할 수 없이 복잡한 일상생활 속으로 다시금 완전히 돌아왔다. 매일의 일과에 푹 파묻혀 있는 상황에서 나는 지난 내 경험을 되돌아보며 이렇게 묻지 않을 수 없다.

"배운 대로 잘 살아갈 수 있을까?"

최근에 누군가가 나에게 이런 말을 해주었다. "당신이 아팠을 때는 당신 주위로 사람들이 모여들었고, 당신을 찾아간 많은 사람이 당신에게서 흘러나오는 참 평화를 느낄 수 있었습니다. 그런데 당신이 병이 나아 다시 본연의 많은 업무로 돌아가게 되니, 당신에게선 옛날의 그 분주함과 불안이 다시 나타나고 있습니다."

나는 이런 말들을 매우 신중하게 귀담아들어야만 한다. 거울 너머 저편의 경험이 그토록 진실되고 강력한 것이었음에도 이 숨가쁜 사회의 요구들이 다시 나를 몰아가게 되었다고 해서 나는 이제 더 이상 하나님께만 초점을 맞추고 살아가는 삶을 살 수 없단 말인가? 과연 이 사고를 통해 배운 진리대로 그것을 고수하면서 살아갈 수 있을까?

얼른 보기에는 전혀 불가능한 일 같다. 내가 보고 듣는 것이 온통 다 분열과 파괴뿐이라면 어떻게 하나님의 사랑에 연합의 힘, 회복의 힘이 있다는 것을 계속해서 믿을 수 있을까?

내가 살고 있는 오늘날의 세상은 더 이상 은혜의 씨앗이 뿌리를 내리고 잘 자라서 열매를 맺게 되는 그런 비옥한 토양이 못되는 것 같다.

마치 주차장에 가득 들어찬 자동차들같이 빽빽이 들어설 집들을 짓기 위해서 많은 굴삭기들이 아름다운 농장을 마구 파헤쳐대는 것을 보면서, 고독과 침묵과 기도도 사슴과 함께 사라져 버리고 말았다는 사실을 느낀다.

세상은 온통 경쟁과 야망과 싸움, 그리고 권력과 특혜를 따 내기 위한 강렬한 욕망으로 가득 차 있는 듯하다. 어수선하기 짝이 없는 소위 '개발' 일로의 도시 한가운데 있는 것보다는 내가 머물렀던 요크중앙병원 중환자 병동의 작은 방과 5층 병동에 있던 내 조그만 침대가 훨씬 더 안전하고 거룩한 곳 같아 보였다.

그러나 내겐 장애인 공동체와 그들을 돕는 사람들이 있다. 이들은 어떻게 하고? 물론 그들이 불가능을 가능케 하는 자들이라는 사실을 나는 잘 알고 있다. 저마다 권력에 굶주린 이 환경 한가운데에서 우리 공동체가 너무나도 연약하고 취약하기에 하나님께서는 우리에게 끊임없이 '사랑'을, 죽음의 문턱에서 나에게 보여 주셨던 그 사랑을 상기시켜 주고 계시기 때문이다.

병원에서의 마지막 몇 주 생활 중 나에게 가장 활기를 불어넣었던 일들 가운데 하나는 아버지와 누나, 친구들, 그리고 공동체의 지체들이 방문해 준 일이었다. 그들은 나를 위해 기꺼이 시간을 내주었다. 그들에게 이보다 더 중요한 일이란 없었다. 그들이 할 수 있는 일이라곤 그저 내 침상 곁에 가까이 앉아 있는 것뿐이었다.

특별히, 장애의 정도가 아주 심한 아이들도 내 곁을 지켜 주었다. 애덤(Adam)과 트레이시(Tracy)와 씨후는 휠체어를 타고 왔다. 그들은 아무 말 없이 그저 거기 있음으로 내가 그들 못지않게 사랑받고 있다는 사실을 떠올려 주었다. 죽음의 문턱을 밟고 온 나의 경험은 참된 것이며 믿을 수 있는 것이라고 말해 주고 싶어 하는 것 같았다. 그리고 아무 말 하지 않고 그곳에 와 있는 것을 통하여 나에게 이렇게 말해 주고 있었다. "신부님이 이번에 새로 배운 진리에 충실하게 살아가도록 우리가 도와 드릴 수 있을 것 같아요."

씨후가 문병을 왔을 때였다. 그는 휠체어에서 벌떡 일어섰다 앉았다 하더니, 내가 꼭 끌어안아 주자 내 얼굴에 키스 공세를 퍼부었다. 완전히 얼굴을 한 바퀴 훑었다. 실은 내가 그를 보러 가고 싶었는데, 정작은 그가 나를 보러 와 주었고 마치 이런 말을 해주는 것 같았다. "걱정하지 마세요. 목욕은 잘 했으니까요. 하지만 제 곁에 가까이 있어 주세요. 그래야 병상에서 새로 배운 것을 잃어버리시지 않게 될 테니까요."

병원에 있었을 때 나에게 주어졌던 그 평안과 자유를 많이 잃어버렸다. 그 사실을 생각하면 참으로 애석하며, 심지어 비탄스럽기까지 하다. 내 주위에는 또다시 많은 사람들, 많은 과제들, 많은 할 일들이 모여 있다. 그 모든 것들을 다 할 수 있을 만큼 충분한 시간과 공간이 주어진 적은 없고, 완전히 만족스럽다고 느낀 적도 한 번도 없다.

나는 이제 더 이상 아팠을 때만큼 그렇게 중심이거나 관심을 끄는 대상이 아니다. 다시 한 번 그렇게 되었으면 좋겠다. 정말이지 그렇게 되기를 갈망한다. 많은 바쁜 사람들과 함께 나누고 싶은 갈망이다.

입증해 보여야 할 것도 없고 성취해야 할 일도 없기에, 씨후를 비롯한 우리 공동체의 연약하고 장애가 있는 사람들은 모두 나에게 보내졌다. 내가 새로 배우게 된 그 진리의 자리로 나를 끊임없이 되돌아가게 하기 위해서이다. 그들에게는 성공을 쟁취할 일도, 업무를 추진할 일도, 명성을 유지해야 할 일도 없다. 그들은 언제나 '집중적인 치료를 요하는 상태'에 있으며, 언제나 누군가에게 의존해야 하며, 언제나 죽음의 문턱에 가 있는 사람들이

다.

그들은 나를 내 안의 한 지점, 자신들처럼 약하고 장애가 있고 완전히 의존해야만 하는 그 지점으로 나를 데려가 머물게 해 줄 수 있다.

"두려워 말아라. 너는 나의 사랑하는 아들이다. 내 은혜가 네 위에 있단다." 하나님이 나를 축복하시며 이렇게 말씀해 주시는 때는 내가 참으로 가난한 자리에 있을 때이다. 나는 계속해서 예수님의 말씀을 기억하지 않을 수 없다. "너희가 돌이켜 어린아이들과 같이 되지 아니하면 결단코 천국에 들어가지 못하리라"(마 18:3).

이제 생각하니 그 교통사고는 최소한 얼마 동안이나마 나를 어린아이같이 만들어 주었고 천국을 조금이나마 맛보게 해주었던 것 같다.

자, 이제 내 주위에는 나를 그 어린아이 상태에서 떠나게 만들려는 갖가지 유혹들이 몰려들고 있다. 그래서 친구들 가운데는 차라리 아팠을 때가 회복된 후보다 나에게서 느낄 수 있는 평안이 더 많았다고 말하는 이들이 있다는 사실이 그리 놀랍지 않다.

그러나 그렇다고 가만히 주저앉아서 또 한 번의 교통사고가 일어나 다시 한 번 천국을 경험하게 되기를 바랄 수도 없는 일이다. 이제 나는 단순히 내가 살고 있는 이 세상을 향하여 눈을 열고 계속해서 다시 어린아이가 될 수 있도록 나를 도와줄 수 있는 사람들을 찾아 본다.

나는 분명히 확신한다. 나의 교통사고는 그저 내가 어떤 사람이며, 또 장차 어떤 사람이 되도록 부르심을 입을지 다시 한 번 확인시켜 주는 사건 그 이상도 그 이하도 아니었다.

죽음을 준비해야 하는
인생들*

　　"축하합니다." 제가 교통사고 후 수술을 받고 깨어
났을 때 간호사가 해준 말입니다. "무엇을요?"라고 묻는

---

* 1992년 4월에 헨리 나우웬은 중증 감염으로 인해 또 한 번 죽을 고비를 넘겼
　다. 이 발췌문은 그가 그 일을 겪고 나서 했던 어느 강연 원고의 일부이다.

제게 간호사가 그러더군요. "방금 깨어나셨잖아요. 정말 다행이에요. 축하드립니다!" 제가 죽을 고비에서 살아난 겁니다.

그런데 이번에 또 몇 년 만에 병원 신세를 졌습니다. 주치의가 그러더군요. "위험한 감염입니다. 좀 더 오래 사셔야 되니까 제 말을 잘 들으셔야 합니다. 앞으로는 너무 바쁘게 사시면 안 돼요!" 이번에도 저는 깨어났습니다. 하지만 그것으로 끝일까요? 총알이 머리에 박힐 때까지 러시안룰렛(총알을 하나만 넣고 약실을 돌린 뒤 차례로 자신의 머리에 총을 쏘는 사생 결투 - 옮긴이)을 하는 걸까요? 앞으로 제가 10년이나 20년, 심지어 30년을 더 살지도 모르겠습니다. 하지만 그게 가장 중요할까요? 아니면 이런 죽음의 문턱에 오가는 사건들은 제게 진짜 죽음을 준비하라고 말해 주는 것일까요?

죽음은 기정사실이지만 제 미래의 다른 일은 모두 불확실합니다. 그런데 저는 마치 죽음이 인생의 가장 덜 확실한 사건인 것처럼 행동합니다. 죽음을 무시하고 여

간해서 거론하지 않아요. 아직 할 수 있는 많은 일에 에너지를 모조리 쏟아 붓는 겁니다.

정말 이제 더는 저 자신이나 친구들을 속이고 싶지 않습니다. 죽음은 사방 어디에나 있습니다. 저와 같은 해에 태어난 많은 사람이 이미 유명을 달리했고, 대다수 사람은 아예 지금의 제 나이까지 살지도 못합니다. 친구들이 암이나 에이즈나 불시의 사고로 목숨을 잃습니다. 반경을 넓혀 제 작은 세상 너머를 보면 무수히 많은 아이와 성인이 매일 기아와 폭력과 전쟁으로 죽어 갑니다. 우리는 죽을 준비가 되어 있을까요?

죽음이 끝이라고 믿는다면 준비하고 말 것도 없습니다. 죽으면 시간이 멎고 모든 것이 끝나 버린다면 최대한 건강하게 오래 사는 것밖에 할 일이 없습니다. 그러나 저는 죽음이 끝이라고 믿지 않습니다.

제 평생의 공부와 두어 번 경험한 죽을 고비가 제게 가르쳐 준 것이 있습니다. 죽음은 저를 새로운 삶으로 데려다 주는 두 번째 출생과 같다는 것입니다. 제 첫 번째 출생에 대해서는 할 말이 없지만 두 번째 출생에 대해서는 할 말이 많습니다. 그리고 미리 준비할 수 있습니다.

이 모든 말을 제가 아주 솔직하게 거리낌 없이 할 수 있는 이유는 믿는 바가 있기 때문입니다. 저는 길고 짧고를 떠나 제 인생이 하나님의 선물이라고 믿습니다. 제게 생명을 주신 하나님이 영원한 사랑으로 저를 사랑하신다고 믿습니다. 이 영원한 사랑이 죽음보다 강하다고 믿습니다. 그렇습니다. 저는 일생에 벌어지는 모든 일은 죽음을 두 번째 출생으로 전환시킬 기회라고 믿습니다.